für Bernhard Pfleger
Der rastlose Party-Feldherr hat es bei mir im
Lagezentrum nie lange ausgehalten und kämpfte lieber
draußen vor Ort gegen die Widrigkeiten.

Michael Waller

Lagezentrum

Aufbau und Führung eines Lagezentrums bei
kommunalen Veranstaltungen

© 2015 Michael Waller
Umschlaggestaltung: Michael Waller

Verlag: tredition GmbH, Hamburg

ISBN:
978-3-7323-7178-5 (Paperback)
978-3-7323-7179-2 (Hardcover)
978-3-7323-7180-8 (e-Book)

Printed in Germany

Bibliografische Information der Deutschen Nationalbibliothek: Die Deutsche Nationalbibliothek verzeichnet diese Publikation in der Deutschen Nationalbibliografie; detaillierte bibliografische Daten sind im Internet über http://dnb.d-nb.de abrufbar.

www.tredition.de

Inhaltsverzeichnis

Vorwort

Sie sind Veranstaltungsleiterin oder Veranstaltungsleiter. Heute wird in Ihrer Stadt ein großes Bürgerfest stattfinden, denn es wird ein besonderes Ereignis gefeiert oder ein Baubeginn oder ein Richtfest oder die Inbetriebnahme beziehungsweise Eröffnung eines Bauwerks.

Es werden Prominente zum Fest erscheinen, wichtige Menschen aus der Politik, Würdenträger, Presseleute und natürlich Bürgerinnen und Bürger aller Altersklassen, die auch mitfeiern und das Fest erst so zu einem richtigen Bürgerfest werden lassen.

Sie haben die Abläufe minutiös geplant, viele Firmen mit diversen Leistungen vertraglich eingebunden und glauben, alles sei bestens vorbereitet. Sogar die angemeldete Gegendemonstration haben sie berücksichtigt und versucht, dagegen gewisse Vorkehrungen zu treffen.

Sie laufen nun als Frau oder Herr 'Wichtig' durch die Veranstaltung, immer mit dem Handy am Ohr, wiegeln an Sie herangetragene Problemchen im Vorübergehen ab, begrüßen dafür ausgiebig lang die VIP´s und die weniger wichtigen 'Adabeis', also diejenigen die 'auch dabei sind', dann überschlagen sich plötzlich die Ereignisse.

Der Catering-Chef meldet Ihnen telefonisch, dass sich im Küchenbereich zuerst ein Fettbrand in der

Fritteuse ereignete, der vom Catering-Personal aber gleich gelöscht werden konnte, aber dann ist der Strom ausgefallen. Wo ist der Sicherungskasten oder wer ist für die Stromversorgung zuständig? Sie haben hierzu momentan keine Ahnung, da Sie ja Ihre Akten nicht mit sich herumtragen.

Minuten später meldet sich telefonisch der Sanitätsdienst bei Ihnen, eine älterer Mann ist zusammengebrochen, vermutlich Kreislaufprobleme, der Sanitätswagen kommt aber nicht durch den Rettungsweg. Gibt es eine andere Fahrmöglichkeit? Mangels Pläne wissen Sie aber momentan überhaupt nicht, welchen der Rettungswege der Sanitätsdienst eigentlich meint, denn die Veranstaltungspläne hängen in Ihrem Büro an der Pin-Wand.

Der Einsatzleiter der Polizei hat mit dem Bürgermeister spontan vereinbart, die Gegendemonstranten nun doch durch die XY-Straße ziehen zu lassen. Davon haben Sie und der Chef des Ordnungsdienstes aber nichts mitbekommen, denn der Einsatzleiter der Polizei kennt beide nicht. Die ahnungslosen Ordnungsdienstkräfte versuchen deshalb die Gegendemonstranten von der XY-Straße abzudrängen.

Inzwischen erfahren Sie mündlich zufällig, dass die Moderatorin für die Bühne wegen einer Demonstration im Stau steht und voraussichtlich erst eine halbe Stunde später eintreffen wird. Wie informieren Sie die geladenen Gäste nun von der Verzögerung? Darüber haben Sie sich vorher nie Gedanken gemacht.

Dann beginnt plötzlich ein Starkregen mit heftigem Gewitter und ein paar Hagelkörnern, Sie sind davon völlig überrascht, denn in den letzten Tagen und Stunden hatten Sie sich voll mit der Veranstaltungsvorbereitung beschäftigen müssen, da war keine Zeit mehr für einen Blick in die Wettervorhersage.

Nun flüchten viele Menschen in die Räumlichkeiten des Festsaals, der Ordnungsdienst kann die Menschenmassen nicht mehr aufhalten, einige VIP´s und Redner können nicht mehr in den Festsaal gelangen. Der Zeitplan bricht zusammen, die Hostessen der Veranstaltungsagentur verlieren den Überblick, plötzlich sitzen statt der Ehrengäste Bürgerinnen und Bürger mit ihren Kindern in der ersten Reihe vor der Rednertribüne.

Dann knallt ein alter Bühnenscheinwerfer, Glassplitter regnen auf die Bühne und das Licht flackert für einige Sekunden. Die Bühnentechniker versuchen einen Besen aufzutreiben, wissen aber nicht, welche Telefonnummer der Hausmeister hat. Auch Sie wissen es nicht.

Da fällt Ihnen ein: Wo sind den die Regenschirme? Sie suchen persönlich in den Kellerräumen vergeblich nach Schirmen für die Ehrengäste. Die Schirme hatten sie zwar bestellt, aber nie geprüft, ob sie geliefert wurden und wo sie eingelagert wurden.

Zurück in der Menschenmenge an der Oberfläche werden Sie von zwei verzweifelten Frauen angesprochen, die Ihnen aufgebracht erklären, dass der fünfjährige Tobias seit einer halben Stunde verschwunden ist und niemand den Frauen beim Suchen helfen will. Sie deuten zur Bühne, gehen weiter, versuchen zum Mikrofon der Rednertribüne zu gelangen, aber Sie kommen nicht mehr durch die Menschenmenge.

Dann fällt witterungsbedingt das Handynetz aus, sie bekommen etwa eine Viertel Stunde rein gar nichts mehr mit.

Plötzlich marschiert Polizei auf und ein Staatsanwalt erklärt Ihnen, dass die Veranstaltung aus Sicherheitsgründen sofort abzubrechen ist. Sie als Veranstaltungsleiterin oder Veranstaltungsleiter sind vorläufig festgenommen, weil Sie nichts unternommen hätten gegen die Massenschlägerei zwischen den Ordnungsdienstleuten und den Gegendemonstranten.

Außerdem würde seit einer Stunde ein Kind vermisst, Sie wüssten angeblich davon, hätten aber weder Ordnungsdienst noch die Polizei informiert oder über die Bühnenmoderation zur Suche aufgefordert.

Auf der Fahrt zum Krankenhaus sei ein alter Mann mit Kreislaufproblemen verstorben, da seien Sie wohl auch mit verantwortlich, weil der Rettungsweg durch die Dekoration eines Info-Pavillons nicht befahrbar gewesen sei. Der Sanitätsdienst habe Sie zwar auf dem Handy erreicht, aber dann sei nichts passiert. Das Rettungsfahrzeug musste wenden und einen zeitaufwendigen Umweg durch die Menschenmassen nehmen.

Später vor Gericht wird Ihnen dann vom Staatsanwalt vorgeworfen, dass Sie die Veranstaltung nicht im

Griff gehabt hätten, dass Sie keine umfassende Kommunikation aufgebaut hätten und dass Sie kein Lagezentrum eingerichtet hätten, um die entstandenen Krisen frühzeitig zu erkennen, zu besprechen und zu managen.

Sie haben den typischen Kardinalfehler einer Veranstaltungsleitung begangen. Sie haben versucht, sich bei der Prominenz ins Rampenlicht zu setzen, sich aufgeblasen wichtig zu machen und haben dabei aber vergessen, dass Sie als Veranstaltungsleitung ganz andere wesentliche Pflichten und Aufgaben haben, die Ihnen aber nie jemand mitgeteilt hatte.

Natürlich ist dieses Szenario von mir etwas übertrieben dargestellt, aber ich möchte damit einige Fettnäpfchen offenlegen, in welche die Veranstaltungsleitung treten kann, wenn es kein funktionierendes Lagezentrum gibt. Vorliegendes Buch ist natürlich nicht dafür gedacht, 'wie bereite ich eine Veranstaltung vor und leite sie', denn das würde den Rahmen sprengen. Die Veranstaltungsleitung ist aus meiner Sicht aber in der Pflicht, ein Lagezentrum dann einzurichten und mit geeignetem Personal zu besetzen, wenn von der genehmigenden Behörde ein Sicherheitskonzept gefordert wird.

Das Lagezentrum hätte gewusst, wo der Sicherungskasten gewesen wäre und hätte die Akten sowie die Veranstaltungspläne bereitgehalten.

Nach der ersten Lagebesprechung im Lagezentrum hätte der Einsatzleiter der Polizei Sie und die Leitung des Lagezentrums gekannt und beide auch von der Änderung des Demonstrationsweges informiert.

Die Moderatorin wäre nicht im Stau gestanden, die Leitung des Lagezentrums hätte den Erscheinungstermin bereits bei der Terminplanung frühzeitig vorverlegt, weil mit einem Stau wegen der Gegendemonstration gerechnet worden wäre.

Das Lagezentrum hätte regelmäßig über das Internet die Wettervorschau durchgeführt und frühzeitig vor Gewitter und Hagel gewarnt.

Auch die Telefonnummer des Hausmeisters oder einer anderweitigen Person, die Zugang zu Reinigungsgeräten gehabt hätte, wäre dem Lagezentrum bekannt gewesen. Eventuell hätte im Lagezentrum sogar ein Besen bereit gestanden.

Auch die bestellten Regenschirme für die Betreuung der VIP's wären im Lagezentrum gelagert gewesen.

Wenn das Mikrofon der Rednertribüne wegen der Menschenmassen nicht mehr hätte erreicht werden können, dann wäre ersatzweise das Megafon des Lagezentrums für die Suche nach dem Tobias benutzt worden, um wichtige Durchsagen machen zu können.

Letztendlich wäre die den Rettungsweg behindernde Dekoration des Info-Pavillons im Notfall auch auf Anweisung des Lagezentrums sofort entfernt worden, denn das Lagezentrum hätte gewusst, welches Personal sich dort in der Nähe aufgehalten hätte.

Meine Recherchen im Internet ergaben, dass es zum Thema 'Lagezentrum bei kommunalen Veranstaltungen' noch keinerlei Literatur gibt und deshalb sogar die Veranstaltungsleitungen kaum in der Lage sein können, das Lagezentrum-Personal einzuweisen.

Diese Person, die zur Leitung eines Lagezentrums eingeteilt wird, weiß erst einmal überhaupt nicht, was sie dort machen soll, darf oder muss und warum. Dieser Person möchte ich mit diesem Buch Hilfestellungen, Ratschläge und Tipps geben.

Nachdem im Juni 2015 das NS-Dokumentations-zentrum in München endlich eröffnet war und ich spät abends mein Lagezentrum in der Bibliothek des Amerikahauses abgebaut hatte, setzte ich mich noch in den Catering-Pavillon im Garten des Amerikahauses. Im Gespräch mit Frau Kerstin Kellis, Leiterin der Geschäftsstelle der Stiftung Bayerisches Amerikahaus gGmbH, entstand damals die Idee, über kommunale Lagezentren einmal ein Buch zu schreiben.

Aufgaben eines Lagezentrums

Im Internet gibt es so schöne Erklärungstexte, wenn der Begriff 'Lagezentrum' in eine Suchmaschine eingegeben wird: „Ein Lagezentrum ist eine Organisationseinheit innerhalb der Behörde oder Einrichtung, die eine bestimmte Lage zentral beobachtet und administriert. Das Lagezentrum sammelt, bündelt und bewertet Informationen und Lage-Meldungen und gibt sie an die Führungsgremien weiter. Es hat keine direkte Führungs- oder Leitungsfunktion."

Damit ist bereits die Kernaussage getroffen, das Lagezentrum hat grundsätzlich keine Entscheidungen zu treffen. Denn diese treffen andere, die ihre Entscheidungen auch verantworten müssen.

Aber das Lagezentrum ist die Anlaufstelle für alles mögliche. Hier werden Informationen gesammelt und weitergeleitet, hier werden Info-Materialien, Regenschirme, Vertragsakten, Kerzen, Megaphone, Kabeltrommeln, Klopapier, Veranstaltungspläne, Kabelbinder, Getränke und rot-weiße Absperrbänder vorgehalten.

Das Lagezentrum ist das Mädchen für alles, ist Stützpunkt, Anlaufstelle und Sammelpunkt für alle Veranstaltungsbeteiligten. Hier gehen die hin, die sich aufwärmen möchten und einen heißen Tee oder Kaffee brauchen. Hier treffen sich die Hostessen, um sich nebenan umzuziehen und ihre Handtaschen und

Bekleidung zwischenzulagern. Hier treffen sich auch Ihre Kolleginnen und Kollegen vom Amt, die für die Info-Stände, den VIP-Empfang, die Einlasskontrolle oder die technische Betreuung eingeteilt wurden, um sich an- oder abzumelden, um Material abzuholen oder ihren Rucksack zu deponieren.

Das Lagezentrum ist auch immer besetzt, deshalb sind mindestens zwei Personen einzuteilen, damit eine Person auch mal auf die Toilette oder zum Mittagessen gehen kann. Die Aufgaben sind deshalb schnell umschrieben:

- Beobachten der Veranstaltung

- Entgegennahme, Filtern und Weitergabe von Informationen

- Melden von Besonderen Vorkommnissen

- Protokollieren der Lagebesprechungen und Krisensitzungen

- Bereitstellung eines Besprechungstisches mit Getränken und Essen für Lagebesprechungen

- Bereitstellung eines Umkleideraums

- Bereitstellung eines WC-Raums für die Veranstaltungsbeteiligten

- Bereitstellung von Kommunikationsmitteln wie Telefon, Fax, Funkgerät, Email, WhatsApp

- Zugang zum Intranet der Kommune und zum Internet

- Vorhalten von Akten und Dateien mit Verträgen, Genehmigungen, Auflagen, Emails, Brandschutz-Zertifikaten etc.

- Ladestation für Handys und Funkgeräte

- Zwischenlager für Materialien aller Art

- Treffpunkt für alle Veranstaltungsbeteiligten

- Bereithalten von restlichen Veranstaltungsteam-Ausweisen, Telefonlisten, Eintrittskarten, Akkreditierungsausweisen für Presse

- Einholen von Wetterinformationen

- Auffordern der örtlichen Radiosender und Verkehrsbetriebe zu Durchsagen bei Überfüllung oder Abbruch der Veranstaltung

Einbindung in die Veranstaltungsplanung

Bereits bei der Veranstaltungsplanung ist frühzeitig das Lagezentrum zu berücksichtigen. Folgende Punkte sind von der Veranstaltungsleitung ins Sicherheitskonzept einzuarbeiten:

- Aufgaben des Lagezentrums
- Personal des Lagezentrums, Telefonnummer
- Teilnehmer der Lagebesprechungen
- Zeitpunkt der Lagebesprechungen
- örtliche Lage des Lagezentrums
- Zufahrtsmöglichkeiten, Transporte
- Parkmöglichkeiten, Zufahrtskontrolle
- Bewachung durch den Ordnungsdienst
- Zeitraum der Besetzung des Lagezentrums

Die Personalbereitstellung und die Materialbeschaffung sowie -lieferung sind von der Veranstaltungsleitung frühzeitig abzuklären, damit sich alle Beteiligten rechtzeitig vorbereiten können. Die Leitung des Lagezentrums sollte auch frühzeitig bei der Erstellung des Sicherheitskonzepts mit eingebunden werden, damit deren Erfordernisse und Bedürfnisse und gegebenenfalls auch Erfahrungen ausreichend mit berücksichtigt werden können.

Auswahl der Örtlichkeit

Optimal ist ein Raum mit Sichtkontakt zur Veranstaltungsfläche, was aber nicht immer gelingen wird. Der Raum sollte Platz für Lagebesprechungen mit mindestens 20 Personen bieten. Natürlich sollen WC, Teeküche und auch Stromanschlüsse für Kommunikationsmittel vorhanden sein. Wird eine Schule oder ein anderweitiges Gebäude eingeweiht, bietet sich natürlich eine Räumlichkeit in diesem neuen Gebäude idealerweise an. Bei unterirdischen Anlagen wie U-Bahnhof oder Autotunnel muss an die Oberfläche ausgewichen werden, hier ist Sichtkontakt nicht möglich. Als Alternative dafür gibt es dann Erkundungspersonal, dass die Lage in Augenschein nehmen kann. Ideal sind Baubüros von der Bauüberwachung der Baustelle oder extra angemietete Räume vor Ort.

Wichtig ist eine Anfahrts- und Parkmöglichkeit für Lieferanten, Personen des Lagezentrums und Teilnehmer von Lagebesprechungen. Sowohl die Zufahrtsmöglichkeit als auch der Zugang zum Lagezentrum muss durch Ordnungsdienstpersonal kontrolliert werden, damit sich unbefugte Personen oder Festgäste nicht ins Lagezentrum verirren. Vorteilhaft wäre es, wenn diese Zufahrtsmöglichkeit mit einem Tor oder mit ein bis zwei Bauzaunfelder vom Ordnungsdienst blockiert werden könnte. Ähnliches gilt auch für den Zugang zum Lagezentrum innerhalb des Bauwerks mittels Durchgängen oder Trenntüren.

Vorbesichtigung

Es ist immer hilfreich, sich als Leitung eines Lagezentrums frühzeitig die Räume des geplanten Lagezentrums und das Umfeld anzusehen. Hier ist eine kleine Checkliste hilfreich:

Tische und Stühle für Lagebesprechungen? Sie müssen mit mindestens 20 Personen rechnen. Bereiten Sie auch Tischkarten vor, mit Namen der Person und dem Logo der jeweiligen Firma oder Institution, damit alle am Tisch Sitzenden über die Funktion und Aufgabe der Anderen schnell Bescheid wissen.

Ablagetische für Info-Material, Akten, PC? Diese Tische sollten getrennt vom großen Besprechungstisch stehen und wirklich viel Platz bieten.

Toilettenanlagen, Seife, Papier? Sie brauchen eine separate Toilettenanlage, denn die Mitwirkenden haben keine Zeit, sich mit den Veranstaltungsgästen irgendwo lange anzustellen.

Umkleideräumlichkeiten? Das ist ein heikler Punkt, denn Hostessen, Musiker, Künstlerinnen müssen sich ungestört umziehen können und ihre Habseligkeiten sicher vor Diebstahl zurücklassen können.

Sicherungskasten bei Stromausfall? Es schadet nie, wenn Sie schon vorher wissen, wo der Sicherungskasten ist und wie Sie bei einem Kurzschluss vorgehen müssen.

Zugang IT-Anlagen mit LAN oder WLAN? Aufstellplatz? Passwörter? Testen Sie das besser vorher einmal mit allen Geräten, denn am Veranstaltungstag haben Sie für so etwas weder Zeit noch ist das IT-Personal zur Stelle.

Telefon? Handyempfang? Kaum zu glauben, aber da kann man wirklich böse Überraschungen erleben, weil Sie in einem Funkloch sitzen oder die Telefonanlage ohne zweitägigem Fortbildungskurs nicht sicher bedient werden kann. Testen Sie besser alles und rufen Sie sich testweise einmal selber an, ob Sie wirklich durchkommen oder sich überraschenderweise doch nur ein Anrufbeantworter wegen dem Wochenende meldet.

Zugangskontrolle und Zufahrt? Ein Lagezentrum ohne Zugangskontrolle ist verantwortungslos und kann ungewollt schnell durch lästige Personen lahmgelegt werden. Bei großflächigen Veranstaltungen sind wichtige Leute mit dem Fahrrad oder Auto unterwegs, die müssen schnell ans Lagezentrum herankommen können, parken und vom Ordnungsdienst natürlich auch durchgelassen werden. Wenn möglich, bereiten Sie für den Ordnungsdienst eine Liste der erlaubten KFZ-Kennzeichen vor, dann bleiben Ihre Parkplätze vor dem Lagezentrum frei von unerwünschten Autos.

Beschilderung mit Pfeilen und Zutrittsverbot? Es schadet nicht, Richtungspfeile anzubringen, verbunden mit Verbotsschildern für Unbefugte. Alle Veranstaltungsbeteiligten müssen das Lagezentrum schnell finden können und Fremde sollten abgehalten werden, die

Räume zu betreten. Hilfreich ist auch ein großes Schild 'Lagezentrum' außen am Gebäude, wenn mehrere Gebäude die Orientierung erschweren. Wie bringen Sie die Schilder an? Mit Tesafilm, Reißnägel, Schnur?

Aufhängen von Plänen? PIN-Wand? Zumindest die Pläne und Listen, die als Anlagen beim Sicherheitskonzept eingereicht und genehmigt wurden, sollten aufgehängt sein. Sie dienen der schnellen Orientierung bei Lagebesprechungen und Krisensitzungen.

Schlüsselübergabe von wem und wann? So eine Kleinigkeit kann fatale Auswirkungen haben, wenn hier im richtigen Moment etwas daneben geht. Es ist schlimm, wenn das Lagezentrum wegen Krankheit, Unfall oder Vergesslichkeit stundenlang nicht aufgesperrt werden kann und damit alle Vorbereitungsarbeiten umsonst waren.

Steckdosen, Verlängerungskabel? Das gibt es immer wieder: erstaunte Gesichter, die entweder mit zu kurzen Kabeln oder vor nicht vorhandenen Steckdosen verzweifeln und noch schnell zum Baumarkt wegen eines Verlängerungskabels rennen müssen. Bedenken Sie auch, dass manche Mitwirkende ihre Funkgeräte oder Handys aufladen wollen oder müssen und froh sind um jede Mehrfachsteckdose.

Verbandskasten, Löschdecke, Feuerlöscher? Im Lagezentrum bricht kaum ein Feuer aus und selten wird sich dort jemand verletzen. Dennoch sollten Sie auf solche Dinge Wert legen und sicherheitshalber vorrätig haben, um eventuell auch extern Unterstützung anbieten zu können.

Kühlschrank/Kaffeemaschine? Natürlich brauchen Sie im eiskalten Winter heiße Getränke für die Mannschaft, im Sommer dagegen eher kühlende Flüssigkeiten aus dem Kühlschrank. Sorgen Sie als 'Gastwirt/in' nebenbei für das Wohl der Veranstaltungsbeteiligten, denn Sie sind das Anlaufzentrum in der Not.

Klima-Anlage im Sommer, Heizung im Winter? Ein Lagezentrum bei 30° im Schatten ist belastend, ebenso wenn alle in der Kälte nur frieren. Kümmern Sie sich rechtzeitig um technische Gegenmaßnahmen.

Lüftung, Lärm, Beleuchtung, Müllentsorgung? Diese Themen sind vielfältig, verursachen unter Umständen riesige Probleme, wenn Sie nicht frühzeitig durchdacht und geregelt werden.

Sichtkontakt zur Veranstaltung? Nicht immer machbar, aber erstrebenswert, denn dann kann die Leitung des Lagezentrums unabhängig von externen Meldungen bereits frühzeitig reagieren und notfalls selber Alarm schlagen.

Reinigung? Die Räumlichkeiten sollen natürlich vorher und auch nachher gereinigt werden. Kümmern Sie sich deshalb frühzeitig um einen Reinigungsdienst. Es schadet auch nie, selber einen Eimer, Putzlappen, Putzschwamm, Geschirrspülmittel, Geschirrtuch sowie eine Rolle Küchenpapier zu bevorraten, denn eine Tasse Kaffee ist schnell verschüttet.

Personalauswahl

Mit den nachfolgend genannten Kriterien zur Person schildere ich selbstverständlich nicht meine Persönlichkeitsstruktur, sondern nur mein subjektives Wunschdenken, das ich natürlich auch nur teilweise erfüllen kann.

In der Praxis werden Sie plötzlich einfach zur Leitung eines Lagezentrums eingeteilt und stehen erst einmal vor dem vermeintlichen Nichts. Aber Sie schaffen das! Seien Sie fehlerresistent, denn Sie werden Fehler machen, andere aber auch. Bei jeder Veranstaltung im kommunalen Bereich wird immer etwas schief laufen, aber das ist nicht schlimm. Ziel ist immer die fünfundneunzig-prozentige Perfektion, denn die letzten fünf Prozent würden den selben Aufwand erfordern, den die ersten fünfundneunzig Prozent bereits gemacht haben.

Sie werden merken, dass sich viele Probleme oft auch von alleine erledigen, denn Sie sind in der Regel von hochmotivierten Menschen umgeben, die da draußen auf dem Fest selbständig Entscheidungen treffen und das Richtige improvisieren werden. Wenn dann die Veranstaltung vorüber ist, werden Sie bewundert, wie Sie das so lange im Lagezentrum aushalten konnten. Bei der nächsten Veranstaltung werden Sie dann aufgrund Ihrer 'Erfahrung' schon bevorzugt eingeteilt, beim dritten Mal gelten Sie schon als 'Profi'.

Natürlich wäre es sehr hilfreich, immer die selben Personen fürs Lagezentrum einzuteilen, denn hier entsteht mit der Zeit Erfahrung und Professionalität. Wichtig ist aber auch ein fließender Übergang von jungen und alten Mitwirkenden, um das Fachwissen sowie die Erfahrung weiter zu vermitteln.

Die Leitung eines Lagezentrums bedarf Selbstbewusstsein, Entscheidungsmut und meditative innere Ruhe. Diese Kombination ist entgegen mancher Klischees und Vorurteile auch im öffentlichen Dienst zu finden. Die Person muss Nerven wie breite Bandnudeln haben und in Krisensituationen stoisch wie ein japanischer Samurai-Feldherr auf dem Feldherrenhügel sitzen können und Ruhe und Ordnung ausstrahlen, auch wenn der eigentliche 'Feldherr' die Veranstaltungsleitung ist.

Egal was da draußen passiert, es gibt so gut wie nie einen Grund, das Lagezentrum zu verlassen. Lassen Sie sich nicht von Ereignissen verleiten, draußen mitzumischen, dafür sind andere eingeteilt. Achten Sie auch auf das Ihnen zugeteilte Personal (Stellvertretung, Hilfskraft, Melder o.ä.), denn das kann schnell abhanden kommen, weil es draußen irgendwo hilfsbereit einspringt, vorübergehend jemandem zugeteilt wird oder es unter Umständen auch sehr lange braucht, um durch die Menschenmassen zum Lagezentrum zurückzugelangen.

Überkorrekte, perfektionistische Personen versinken in Angstfluten, verängstigen und verunsichern die Mitwirkenden, bremsen jegliche Spontanität und brechen als Bedenkenträger/innen bei Notsituationen vielleicht zusammen.

Die geborenen Macher/innen hingegen produzieren zu viel Aktionismus und Hektik, nehmen unter Umständen der Veranstaltungsleitung unbedacht das Heft aus der Hand und verspielen dadurch bei den Veranstaltungsbeteiligten Sicherheit, Vertrauen und Anerkennung, hier erfolgt dann in Krisensituationen vielleicht ein Zusammenbruch der Veranstaltungsleitung.

Gefragt ist deshalb eine stressresistente Person, die emotionslos die Lagemeldungen entgegen nehmen und angstfrei an die Verantwortlichen weiterleiten kann, sich dabei trotzdem eigenständiges Denken erlaubt und in die Lage einer Veranstaltungsleitung gedanklich hineinversetzen kann. Versetzen Sie sich auch in die Bedürfnisse der anderen Veranstaltungsbeteiligten, um frühzeitig zu reagieren und vorzusorgen. Vergessen Sie auch nie, dass viele Veranstaltungsbeteiligte nicht die gesamte Veranstaltungsplanung bis ins letzte Detail kennen. Beugen Sie Missverständnissen vor und begründen Sie Ihre Anfragen oder Anweisungen, wenn Sie Widerspruch oder Unverständnis auf der Gegenseite verspüren.

Zusammengefasst in kurzen Worten: die Leitung eines Lagezentrums erfordert Mut, Menschenkenntnis, Lebenserfahrung und anständige Umgangsformen. Ideal sind natürlich Personen, die sich freiwillig dafür melden und nicht dazu abkommandiert werden müssen.

Materialauswahl und Transport

Kümmern Sie sich selber um frühzeitige Entscheidungen, Besorgungen, Transporte und Personalunterstützungen, denn die Veranstaltungsleitung ist in der Regel mit eigenen Problemen so belastet, da kann schnell etwas vergessen werden. Erstellen Sie sich eine Checkliste, legen Sie fest, wer wann was besorgt, wer wann was transportiert oder übergibt und prüfen Sie den Vollzug. Nachfolgende Auflistung ist nur beispielhaft, denn je nach Veranstaltung können manche Punkte entfallen und bislang unbekannte Punkte auch noch hinzukommen. Denn bei Veranstaltungen gilt: es gibt immer wieder Überraschungen, an die niemand dachte.

Räumlichkeiten

- Lagezentrum-Raum

- Umkleideraum

- Lagerraum

- WC-Raum

- Besprechungstische, Stühle

- Ablagetische

- Heizung, Klimaanlage, Lüftung

- Sicherungskasten

- Schlüssel, Schlüsselübergabe, Schließtests

Pläne

- Pin-Wand, Pin-Nadeln oder Pin-Magnete,
- Ablaufplan
- Lageplan
- Organigramm Führungsstruktur und Kommunikation
- Verkehrskonzept, Evakuierungskonzept
- Aufstellpunkte-Plan der Ordnungsdienstkräfte und Hostessen
- Zufahrts- und Parkplatzplan

Kommunikation

- Megafon
- Festnetztelefon
- Handy, Ladekabel
- Tablet, Ladekabel
- PC-Anlage oder Laptop, Ladekabel, Passwort
- Drucker, Druckerkabel, Druckerpapier, Druckerfarbkartuschen, Testdruck
- Funkgeräte, Ladekabel oder Ladestation
- Telefonliste aller Beteiligten
- Telefonliste Radiosender und Verkehrsbetriebe

- Verlängerungskabel
- LAN-Kabel, WLAN-Passwort, Zugangstest
- Musterdateien und Veranstaltungsdateien auf USB-Stick für den Notfall
- E-Mail-Verbindung, Sende- und Empfangstest

Akten und Dateien

- Checkliste Lagezentrum
- To-Do-Listen, Transportlisten
- Gästeliste, Einladungen
- Veranstaltungsausweise, Kontaktliste
- Sicherheitskonzept mit Anlagen und Pläne
- Bescheid Genehmigungsbehörde
- Auflagen Brandschutz
- verkehrsrechtliche Anordnung
- Türschilder, Gebäudeschild
- Namenskarten für Besprechungstisch
- Gebäudeplan, Saalplan, Bestuhlungsplan
- Alarmierungsplan für Lagezentrum
- Veranstaltungsablauf, Bühnenprogramm
- Regieplan, Moderationsplan

- Akkreditierungsformular und -liste
- Presseausweise
- Pressematerialien, Pressemitteilungen
- Musterprotokoll Lagebesprechungen
- Formblatt Besprechungsteilnehmerliste
- Verträge, Schriftverkehr, E-Mail-Verkehr, Besprechungsprotokolle, Vormerkungen, Vereinbarungen über Absperrgitter, Anzeigenmarketing, Beflaggung, Blumenschmuck, Böllerschützen, Bühnentechnik, Catering, Dekoration, Drohnenbefliegung, Feuerwehr, Fotograf, Gaukler, Gebärdensprachdolmetscher, Info-Pavillon, Künstler, Repro-Firma, Medienpartner, Mietfahrräder, Miet-Segways, Moderation, Müllentsorgung, Orchester, Ordnungsdienst, Polizei, Reinigung, Sanitätsdienst, Shuttle-Bus, Startnummern, Trikots, Veranstaltungsagentur, Vereine, Vermieter, WC-Anlagen, Werbematerialien

Mobilität (bei sehr großflächigen Festen)

- Fahrräder
- Fahrradanhänger
- Fahrradhelme
- Segways
- Luftpumpe

Büromaterial

- Schreibmaterial
- Eddingstifte und Textmarker
- Tesafilm und Klebestift
- Locher und Hefter mit Heftklammern
- Aktenordner 'Lagezentrum', Papier
- Klarsichthüllen
- Paketschnur
- Schere
- Lineal
- Absperrbänder, gerollt, rot-weiß
- Kabelbinder
- Allzweckschraubenzieher-Set
- Taschenmesser

Eigensicherung

- Taschenlampe
- Erste-Hilfe-Kasten
- Löschdecke
- Feuerlöscher
- wetterfeste Jacke, Mütze, Schirm

Catering Lagezentrum

- Kühlschrank
- Flaschenöffner
- Mülleimer
- Kaffeemaschine, Kaffee, Zucker, Milch, Filter
- Tassen, Teller, Besteck, Gläser

Verbrauchsmaterialien

- Seife
- Toilettenpapier
- Küchenrolle
- Geschirrspülmittel
- Putzlappen, Putzschwamm
- Eimer
- Müllsäcke

Beschilderung

- Türbeschilderung
- Zutrittsverbotsschilder
- Richtungspfeile
- großes Außenschild 'Lagezentrum', wetterfest
- Namenskarten für Besprechungstisch

Aufbau des Lagezentrums

Termin: Idealerweise sollte das Lagezentrum bereits aufgebaut und funktionsfähig sein, sobald mit dem Veranstaltungsaufbau begonnen wird, denn hier beginnen meist schon die ersten Probleme und die Veranstaltungsleitung braucht einen Stützpunkt, Zugriff auf Akten und Daten sowie Kommunikationsmittel vor Ort. Dies kann je nach Situation bereits am Vortag der Veranstaltung sein, manchmal auch schon zwei Tage vor Veranstaltungsbeginn, in einigen Fällen aber auch erst frühmorgens am Veranstaltungstag selber.

Schließanlage: Nach dem Betreten des Bauwerks testen Sie sofort, ob Sie Zugang zu allen vereinbarten Räumen haben und ob alle anderen Räume, die Sie nicht für das Lagezentrum benötigen, auch verschlossen sind. Sie sind in einem fremden Bauwerk, das möglicherweise bereits für einen anderen Zweck genutzt wird, zum Beispiel von einem Ingenieurbüro, einer anderen Dienststelle oder einer Institution und Sie wollen, das diese Leute am Montag alles wieder so vorfinden, wie sie es am Freitag verlassen haben.

Sicherheit: Prüfen Sie, ob das Lagezentrum schon vom Ordnungsdienst bewacht wird. Wenn nicht, fragen Sie dort nach.

Fotografieren: Als nächsten Schritt fotografieren Sie mit ihrem Handy alle Räume, die Sie benutzen werden, mehrfach aus mehreren Blickwinkeln. Mit diesen Fotos haben Sie es leichter, beim Rückbau des Lagezentrums das Mobiliar wieder so aufzustellen, wie Sie es vorgefunden haben.

Beschilderung: Nach dem Material-Antransport sollten sofort die Beschilderungen angebracht werden. Bedrucktes Papier in Laminatfolie hat sich bewährt, ist mehrmals benutzbar und leicht mit Tesafilm anzubringen. Das große Lagezentrum-Schild mit zwei Löchern kann relativ leicht mit Paketschnur außen unterhalb eines Fensters angebracht werden, angehängt an den Heizungskörper, an die Fensterscharniere, ans Fensterbrett oder sonst wo, hier braucht es etwas Fantasie. Trotz der Schnur lässt sich das Fenster leicht wieder schließen. Wichtig ist hier die Sicherheit, bei aufkommenden Wind oder Sturm sollten Sie das Schild besser wieder entfernen oder anderweitig sichern. Alternativ kann mit Schraubenzieher, zwei Holzschrauben und zwei Beilagscheiben das Schild auch an eine Baubarackenwand aus Holz montiert werden. Ihr Lagezentrum ist nun auffindbar.

Möbelrücken: Aus mehreren Tischen wird der große Besprechungstisch zusammengestellt, die Ablagetische werden zurecht geschoben, die Stühle aufgestellt.

IT-Anlage: Anschließend wird die IT ausgepackt und in Betrieb genommen. Das kann bekanntermaßen dauern. Testen Sie den Zugang ins Intranet, ins Internet, senden Sie an die Veranstaltungsleitung eine Email (diese müsste wegen der Email-Umleitung bei Ihnen ankommen) und drucken Sie eine Testseite aus. Testen

Sie auch das Festnetztelefon und Ihr Handy. Das Lagezentrum ist nun kommunikationsfähig.

Büromaterial und Pläne: Dann richten Sie sich Ihr Büromaterial und die mitgebrachten Akten auf einem Ablagetisch her. Nun werden noch die mitgebrachten Pläne und Listen an die Pin-Wand angebracht. Auch restliche Ausweise für Team-Mitglieder und übriggebliebene Presseausweise legen Sie sich zurecht, ebenso eventuelle Info- und Pressematerialien. Das Büro des Lagezentrums ist nun funktionsfähig.

Fahrräder: Bei sehr großflächigen oder sehr langen Veranstaltungsflächen (bestes Beispiel Isar-Renaturierung) brauchen ihre Kolleginnen und Kollegen Mobilitätsunterstützung, die beim Lagezentrum bereitgestellt wird. Als nächsten Schritt kümmern Sie sich also um die eventuell notwendigen und angelieferten Fahrräder oder Segways und das Zubehör.

Haustechnik: Dann gehen Sie in Ruhe einmal die Bedienungsanleitung der Klimaanlage durch, checken sicherheitshalber einmal den Sicherungskasten und gehen testweise aufs Klo. Geht die Klospülung? Ist ausreichend Toilettenpapier da? Können Sie sich die Hände mit Seife waschen und abtrocknen? In den nächsten Stunden werden hier etwa fünfzig Menschen mehrmals erscheinen, Sauberkeit erwarten und Unmengen an Material verbrauchen. Haben Sie ausreichend Ersatzmaterial zum Nachfüllen? Denn heute kommt nicht die Putzfrau und füllt nach.

Sonstiges: Nebenbei richten Sie sich noch ihre mitgebrachten Eigensicherungsmaterialien her, griffbereit neben der Tür auf einem Ablagetisch, für den Fall der Fälle. Daneben die mitgebrachten Verbrauchsartikel zum Putzen und Reinigen. Einen Müllsack können Sie schon mal auffalten, der wird schnell voll werden. Kommen Sie keinesfalls auf den dummen Gedanken, sich und ihre Leute mit Gaspistole, Pfefferspray oder Messer zu bewaffnen. Auf öffentlichen Veranstaltungen ist das Mitführen von solchen Dingen verboten, das gilt auch für das Personal des Lagezentrums.

Catering: Jetzt bauen Sie sich die Kaffeemaschine auf, stellen das Geschirr und Besteck bereit und kümmern sich um den Kühlschrank. Nun kommt die Belohnung. Sie bereiten sich Kaffee zu und pünktlich wie vereinbart kommt der Catering-Lieferant und bringt Getränke und Essen für das Lagezentrum und die Lagebesprechungen. Der Tag kann beginnen. Sie sind nun auf alles vorbereitet, informieren telefonisch die Veranstaltungsleitung über die Einsatzbereitschaft des Lagezentrums und laden sie oder ihn auf einen Kaffee ein.

Namenskarten: Sie können nun mit Bedacht die Namenskarten auf dem Besprechungstisch aufstellen, auch mehrfach noch die Sitzordnung ändern. Diese Namenskarten können Sie schon Tage oder Wochen vor der Veranstaltung selber herstellen oder herstellen lassen (z. B. Kartonpapier, DIN A5, zum Dach gefaltet). Natürlich wird es immer noch Änderungen geben, insbesondere bei Polizei und Feuerwehr werden oft noch kurz vor der Veranstaltung die zuständigen Personen der Einsatzleitung gewechselt. Halten Sie deshalb auch einige Blanko-Karten bereit.

Zentral mittig auf einer Seite des großen Besprechungstisches sitzt der Veranstalter mit der Veranstaltungsleitung und Ihnen, gegenüber sitzen die anderen ständigen Mitglieder des Sicherheits- und Krisenstabs, das sind Einsatzleitung Polizei, Leitung Ordnungsdienst, Einsatzleitung Feuerwehr, Einsatzleitung Sanitätsdienst und Technische Leitung Bühne. Weiter außen links und rechts sitzen dann die weiteren dazu geladenen Personen wie zum Beispiel der Projektleiter der Baustelle, die Pressesprecherin, die Leitung der Veranstaltungsagentur, die Chefin der Catering-Firma oder der Moderator. Erfahrungsgemäß kommen nicht nur Polizei und Feuerwehr mit jeweils zwei Personen, auch andere werden ihre Stellvertretung mitbringen. Somit kann diese Runde schnell auf zwanzig Personen anwachsen.

Ortsbegehung: Wenn es die Zeitplanung und Umstände zulassen, sollten Sie nach der Einrichtung des Lagezentrums ihre Stellvertretung dort zurücklassen und einmal selbst die Veranstaltungsfläche zusammen mit der Veranstaltungsleitung begehen. Vier Augen sehen mehr als zwei. Einerseits erhalten Sie damit auch einen persönlichen Eindruck der Veranstaltungsvorbereitungen und der Dimension der Veranstaltung, andererseits können Sie auch die ersten Problem- oder Schwachstellen entdecken und mit der Veranstaltungsleitung noch vor Ort besprechen. Beispiele hierfür sind:

ungesicherte Bauzaunteile, die leicht ausgehoben werden könnten; Fluchtwege auf Kiesböschungen, die mobilitätseingeschränkte Personen nie erklimmen könnten; leicht zugängliche Stromverteilungen oder ungesicherte Sicherungskästen, ideal für die Sabotage zu langer Festreden; ungesicherte Betriebsraumtüren, hinter denen Kinder spurlos für lange Zeit verschwinden; leicht verschiebbare Töpfe mit Dekorationspflanzen, die dann während des Gedränges unmerklich mehr und mehr in den Rettungsweg verschoben werden; keine Müllbehälter im Gastronomiebereich, obwohl Müll anfallen wird; an besonders sensiblen Positionen Ordnungsdienstkräfte, die nicht ausreichend instruiert wurden; Transport- oder Verpackungsmüll, der vorhin bei der Brandschutzbegehung noch nicht dagewesen war; zu schwach dimensionierte Stromkabel zur Fritteuse im Catering-Küchenzelt und so fort.

Hier draußen gilt nämlich die Regel: Je genauer Sie planen, desto härter trifft Sie der Zufall.

Prüfungen vor Veranstaltungsbeginn

Hier noch einmal eine Zusammenfassung der wichtigsten Prüfungen vor Veranstaltungsbeginn:

- passen die Schlüssel, Schließtests?
- bewacht Ordnungsdienst das Lagezentrum?
- Festnetz-Telefon funktionsfähig?
- Handy ohne Funkloch?
- Funkgerät zugeteilt, Kanal?
- Email funktionsfähig?
- Intranet funktionsfähig?
- Internet funktionsfähig, Wetterbericht abrufbar?
- Testdruck mit Drucker erfolgreich?
- Daten auf PC und USB-Stick lesbar?
- Telefonliste an alle verteilt?
- Sicherheitskonzept und Anlagen vorhanden?
- Bescheid Genehmigungsbehörde vorhanden?
- Telefonliste Radiosender und Verkehrsbetriebe?
- kann bei Ausfall WLAN der Laptop über das Handy (im Modus Tethering) ins Internet?

Lagebesprechungen

In der Regel gibt es drei Lagebesprechungen des Sicherheits- und Krisenstabs. Die erste Lagebesprechung ist etwa eine Stunde vor Veranstaltungsbeginn, die zweite nach den Reden und dem Festakt sowie die dritte etwa zwei Stunden vor dem Veranstaltungsende.

In den Lagebesprechungen des Sicherheits- und Krisenstabs haben Sie die Aufgabe, die Teilnehmerliste ausfüllen zu lassen und die Sitzung zu protokollieren. Geleitet wird die Sitzung vom Veranstalter oder Veranstaltungsleiter. Protokollieren Sie nicht alles wörtlich Gesagte, sondern Feststellungen und Entscheidungen. Wenn auf der Veranstaltung später etwas wirklich grob schiefgegangen ist, dann interessiert sich der Staatsanwalt und auch der Richter vornehmlich für schriftlich festgehaltene Erkenntnisse und Entscheidungen.

Nachdem die Sitzungsleitung ihre eigene Punkte besprochen hat, geht es in die Runde und alle anderen können nacheinander ihre Punkte vortragen. Hierbei kommen auch Sie dann zu Wort. In der Regel werden Sie aber nichts Aufregendes haben (meist nur Wettervorhersage und eventuell kleine Probleme innerhalb des Lagezentrums mit der Bewachung, Versorgung oder Kommunikation).

Schreiben Sie nach der Lagebesprechung sofort das Protokoll ins Reine und legen Sie das Dokument der Veranstaltungsleitung unverzüglich vor.

Besondere Vorkommnisse

Da in der Regel alle an der Veranstaltung Mitwirkenden am Halsband einen Team-Ausweis hängen haben, auf dem rückseitig wichtige Telefonnummern stehen, können Sie davon ausgehen, dass da draußen vieles bilateral auf dem kurzen Dienstweg informiert, abgestimmt oder geklärt wird, von dem Sie so gut wie nichts mitbekommen. Das ist auch gut so, denn Sie müssen nicht jede Kleinigkeit wissen oder mitbekommen.

Legen Sie sich aber trotzdem ein Blatt Papier und Stift neben Ihrem Handy zurecht. Machen Sie sich möglichst nach jedem Telefonat, Gespräch oder Ereignis Notizen, halten Sie die Informationen mit Uhrzeit schriftlich fest. Das können so banale Ereignisse sein wie '08:15 Anlieferung der Regenschirme für die VIP's im Lagezentrum erfolgt' oder weniger banale Ereignisse wie '09:11 Catering-LKW fährt trotz Fahrverbot durch die Menschenmenge zum Catering-Zelt. Catering-Firma und Veranstaltungsleitung wurden informiert'. Sie und Ihre Stellvertretung liefern mit dieser Dokumentation wichtige Erkenntnisse, die später eventuelle Streitigkeiten oder Missverständnisse zwischen den Stabsmitgliedern leichter klären lassen.

Scheuen Sie sich auch nicht, bei den Stabsmitgliedern telefonisch nachzufragen, wenn Sie etwas Unerwartetes oder Unbekanntes wahrnehmen oder gemeldet bekommen.

Krisensitzungen

Neben den regulären Lagebesprechungen gibt es noch die Krisensitzungen. Die sind sehr selten, ich habe bisher nur drei erlebt (einmal wegen drohender Überfüllung, einmal, weil angeblich jemand im Suff von einer Brücke in die Isar gesprungen sei und einmal wegen der Lautstärke einer Gegendemo).

Jedes ständige Mitglied des Sicherheits- und Krisenstabs ist berechtigt, eine Krisensitzung einzuberufen, wenn die Krise nicht mehr einfach bilateral zwischen zwei Stabsmitgliedern geregelt werden kann, sondern vielschichtiger geworden ist. Das steht zwar nirgends so aufgeschrieben, aber alle halten sich auf geheimnisvolle Weise daran. Zur Krisensitzung müssen auch nicht alle ständigen Mitglieder erscheinen.

Das von der Krise betroffene ständige Stabsmitglied informiert die Versammlungsleitung und die wiederum bittet die zur Lösung der Krise erforderlichen Stabsmitglieder sofort ins Lagezentrum. Sie als Leitung Lagezentrum erfahren manchmal erst dann davon, wenn die ersten Damen und Herren aufgebracht in den Besprechungsraum eilen und sich die Kaffeetassen schnappen. Fachlich können Sie zur Krisenlösung zumeist ja eh nichts beitragen, aber protokollieren Sie den Sachverhalt und die Entscheidungen in der Krisensitzung sehr genau. Denn falls die Krise nicht gelöst werden konnte und Sie deshalb später vom Staatsanwalt besucht werden, haben zumindest Sie keine Krise.

Rückbau des Lagezentrums

Grundsätzlich gilt, dass Sie die Dinge, die Sie mitgebracht haben, auch wieder mitnehmen. Die anderen Dinge wie zum Beispiel Fahrräder, Segways, Kartons mit Info-Flyer, Prospekte, VIP-Regenschirme, Taschen, Koffer, Bekleidung, Catering-Geschirr o.ä. sollten diejenigen wieder abholen, die sie auch angeliefert haben. Das muss aber frühzeitig abgesprochen und organisiert sein, denn wenn Sie mit dem Lagezentrum fertig sind, werden Sie nach Hause fahren. Nachzügler, die zu spät zum Abholen kommen, müssen einen neuen Termin vereinbaren. Die Fundgegenstände hingegen, die im Lagezentrum abgeliefert, aber nicht abgeholt wurden, nehmen Sie selbstverständlich in Ihre Obhut, da die Eigentümer in den nächsten Tagen sich in der Regel durchfragen und dann relativ schnell an Sie verwiesen werden.

Der Rückbau des Lagezentrums erfolgt fast analog zum Aufbau, nur in umgekehrter Reihenfolge.

Der erste Schritt zum Rückbau ist der Griff zum Müllsack. Darin verschwinden die unbrauchbaren Essensreste Ihres Lagezentrums, die Namenskarten sowie diverser anderer Müll.

Der Kühlschrank wird entleert, die Getränkekisten befüllt und abholbereit hergerichtet.

Die Klimaanlage wird abgeschaltet, der WC-Bereich wird einmal durchgesehen und eventuell wieder etwas aufgehübscht.

Die dem Lagezentrum anvertrauten Fahrräder und sonstigen Gegenstände werden durchgezählt und für den Abtransport hergerichtet.

Beschreiben Sie ein Blatt Papier mit den Handynummern der Personen, die nach dem Absperren des Lagezentrums einen Schlüssel haben werden. Stecken Sie das Papier in eine Klarsichthülle und kleben diese an die Außentür als Hinweis für die Nachzügler, die zu spät kommen werden. Dadurch haben diese Nachzügler die Möglichkeit, direkt mit Schlüsselinhabern einen neuen Termin zu vereinbaren.

Es werden die Pläne und Listen abgehängt und zusammen mit den Protokollen und Ihren Dokumentationsnotizen im Lagezentrum-Aktenordner abgeheftet.

Dann werden Ihre Büromaterialien eingepackt und die Kommunikationsmittel rückgebaut und verstaut.

Nun können Sie die Tische reinigen und alle Möbel wieder so hinstellen, wie Sie sie vorgefunden haben.

Schließlich können Sie ihre sonstigen mitgebrachten Gegenstände (Putzmittel, Erste-Hilfe-Kasten etc.) aufräumen.

Zu guter Letzt werden die Beschilderungen und das Außenschild abgehängt und verpackt. Das Lagezentrum hat sich nun endgültig aufgelöst.

Jetzt wird der Müll entsorgt oder dorthin gebracht, wo er vereinbarungsgemäß abgeholt werden soll.

Falls vor ihrem Lagezentrum immer noch jemand vom Ordnungsdienst stehen sollte und Sie bewacht, dann informieren Sie ihn oder sie, dass hier nun Feierabend ist.

Jetzt sehen Sie sich alle Räume nochmals an. Fotografieren Sie die Räume wieder, diesmal zur Beweissicherung, dass Sie alles ordentlich hinterlassen haben. Fotografieren Sie auch alle Gegenstände, die noch nicht abgeholt wurden, dann können Sie eventuelle Nachfragen leichter beantworten.

Dann machen Sie das Licht aus und sperren ab. Vergessen Sie nicht die Schlüsselrückgabe oder -übergabe.

Dokumentation und Archivierung

In den Tagen nach der Veranstaltung übergeben Sie das Lagezentrum-Material wieder der Dienststelle, die es für die nächste Veranstaltung einlagert.

Die Dateien hingegen sowie das schriftliche Material, das während der Veranstaltung entstanden ist (die Protokolle der Lagebesprechungen, die Protokolle der Krisensitzungen sowie die Dokumentation 'Besondere Vorkommnisse', abgeheftet im Lagezentrum-Aktenordner) übergeben Sie der Veranstaltungsleitung zur weiteren Verwendung. Machen Sie sich aber sicherheitshalber vorher Kopien von allem, man weiß ja nie. Natürlich geben Sie der Veranstaltungsleitung auch die Vertragsakten und sonstige Unterlagen wieder zurück.

Die Mindestaufbewahrungspflicht beträgt wegen dem Finanzamt mindestens zehn Jahre, denn zur Abrechnung der Veranstaltung könnten ja Rückfragen auftreten, die indirekt durch Ihre Akten vielleicht beweiskräftig beantwortet werden könnten. Für die Aufbewahrung sind aber nicht Sie zuständig, sondern die Veranstaltungsleitung, gegebenenfalls auch die Projektleitung der Baustelle.

Problematischer ist der Umgang mit Fundsachen, die sich während der Veranstaltung im Lagezentrum angehäuft haben. Warten Sie nicht zu lange, bringen Sie die Sachen baldigst zum Fundbüro.

Nachbereitung

Gehen Sie besser davon aus, dass Sie bei der nächsten Veranstaltung wieder das Lagezentrum führen werden. Notieren Sie sich deshalb Verbesserungen, überarbeiten Sie Ihre Checklisten zeitnah. Es ist üblich, dass die Veranstaltungsleitung ein bis zwei Wochen nach der Veranstaltung eine Nachbesprechung mit allen Mitwirkenden aus dem Amt ansetzt. Bereiten Sie sich darauf vor, durchdenken Sie noch einmal die kritischen Momente während der Veranstaltung und werfen Sie einen Blick in Ihre Dokumentation. Erfahrungsgemäß entstehen die meisten Probleme bei Veranstaltungen nicht durch zwischenmenschliche Misstöne und Animositäten, sondern durch Missverständnisse, Informationsdefizite und mangelhafter Kontrolle. Es sind Fehler und Mängel aufzuarbeiten, Organisationsstrukturen zu überdenken, Organisationsabläufe anzupassen, Kommunikationsnetzwerke zu verbessern und die Vorbereitungen der nächsten Veranstaltung frühzeitiger und detaillierter anzugehen.

Nur zwei Beispiele als Verbesserungsmaßnahmen: - Einladungen für Ehrengäste statt auf billigem kopierfähigem Papier künftig fälschungssicherer auf Kartonpapier mit Farbstempel und laminierter Umhüllung - Veranstaltungsleitung führt künftig ein gemeinsames Vorbereitungsgespräch mit allen vom Amt Beteiligten durch, damit auch wirklich alle den Lageplan, den Veranstaltungsablauf und die Mitwirkenden kennen.

persönliche Zukunftsausblicke

Technik: Ferngesteuerte oder vorprogrammierte Kleindrohnen mit Kameras werden die Oberflächenveranstaltungen regelmäßig abfliegen und die Bilder direkt ins Lagezentrum übertragen. Problematisch sind aber die Überflugrechte. Über großen Menschenmengen ist das Überfliegen wegen der Verletzungsgefahr sowieso verboten und seitlich neben den Veranstaltungsflächen fliegend, könnten die Rechte Dritter betroffen sein, die einen Überflug vielleicht nicht dulden. Ebenso kann es auch neben oder über verkehrsreichen Straßen heikel sein. Der Einsatz von Drohnen hängt also immer vom Einzelfall ab. Entscheidend ist hier neben der Sicherheit auch der Kosten-Nutzen-Faktor, der wohl erst bei großräumigen und schwer zu überblickenden Veranstaltungen wirtschaftlich sein wird. Veranstaltungen im Untergrund werden dagegen mit stationären oder mobilen kleinen Kameras überwacht werden.

Verbunden mit intelligenten, lernfähigen Bildauswertungsprogrammen (z. B. INDECT, VASA, ADIS, APFel, CamInSens) werden automatisiert sofort Unregelmäßigkeiten erkannt und dem Lagezentrum angezeigt. Unregelmäßigkeiten können sein: eine liegende Person auf dem Boden, Zusammenrottungen, schnelle Bewegungen, Bewegungen großer Objekte (Auto, LKW), Rauch, Blitz, unerlaubte Gegenstände, Panik, Stau oder Vermummung. Forschungsprogramme für diese neuartigen Videoüberwachungen laufen bereits, sind aber ursprünglich nicht für Lagezentren vorgesehen, sondern für die Überwachung von Bahnhöfen, Plätzen oder Demonstrationen. Ob sich gegen diese Form der Überwachung die ethischen und sozialen Bedenken durchsetzen, bleibt abzuwarten.

Natürlich gibt es auch noch die Drohne des Veranstaltungsgegners, auch das muss bei künftigen Veranstaltungen in Betracht gezogen werden. Die Veranstaltungsleitung wird sich um die Drohnenabwehr kümmern müssen, sei es durch Funkstörgeräte, Laser, Gummigeschosse oder Netze. Das hört sich schon sehr martialisch an, aber eine vorprogrammierte Sprengstoffdrohne ist wie ein Mini-Marschflugkörper. Wie wollen Sie so etwas erkennen und aufhalten? Die Drohnenabwehr wird in den Händen der Polizei oder des Ordnungsdienstes liegen, aber das Lagezentrum muss zumindest informell eingebunden werden.

Soziale IT-Medien: Festgäste werden Meldungen ins Lagezentrums schicken können. Damit wird für jede und jeden eine direkte Alarm-Meldung oder auch eine Stimmungsmeldung ins Lagezentrum möglich. Umgekehrt wird das Lagezentrum digitale Trendmeldungen bezüglich Überfüllung absetzen, Suchmeldungen mit Bild vom kleinen Tobias ins Netz stellen, Wetterwarnungen herausgeben oder auf noch übriggebliebene, kostenlose Catering-Reste verweisen können.

Zudem werden Veranstaltungsinhalte digital zugänglich gemacht, zum Beispiel der aktuelle Terminplan der Bühnenauftritte, der endgültige Veranstaltungs-Lageplan mit Ständen, die Preisliste der Veranstaltungs-Gastronomie oder die im Lagezentrum abgegebenen Fundstücke.

Veranstaltungs-App: Alternativ zu den sozialen Medien werden die Festgäste auch durch neue Veranstaltungs-App's den Zugriff auf die Datenbank des Lagezentrums haben und sich informieren oder vom Lagezentrum informiert werden. Umgekehrt werden für das Lagezentrum anhand der Anfragen oder Aufrufe der App-Seiten künftig auch statistische Vorhersagen zum Besucherandrang und Besucherverhalten möglich und nutzbar sein.

Aber auch Festreden sowie laufende Webcam-Aufnahmen werden vom Lagezentrum direkt im Internet bereitgestellt. Die Veranstaltung wird dann auch virtuell zu Hause auf der Couch erlebbar.

Umgekehrt gilt aber auch hier, je mehr die IT eines Lagezentrums mit dem Internet vernetzt sein wird, desto größer ist die Gefahr eines Angriffs von Schadprogrammen zur Sabotage oder Desinformation.

Freiwillige Helferinnen und Helfer: Denkbar sind auch registrierte und mit Armbinden gekennzeichnete freiwillige Helferinnen und Helfer aus den Reihen der Bürgerschaft, die per Handy regelmäßig 'Lage-Fotos' ins Lagezentrum senden oder auf Anforderung des Lagezentrums den Ordnungsdienst, die Hostessen, den Infostand oder den Gastronomiebereich kurzfristig verstärken werden.

Ungeregelt sind aber hier noch die juristischen Fragen der Zulässigkeit, der Unfallversicherung und Haftung sowie die Vorgehensweise bei der Personenauswahl und der Eignungsbeurteilung. Hier wäre es sinnvoll, einen vernünftigen Anreiz für manche Festgäste zu finden, sich auf dem Fest nicht nur zu vergnügen, sondern auch informell aktiv für die Sicherheit mitzuwirken oder auch zeitlich begrenzt hilfsbereit einzuspringen.

Letztendlich bestehen auch hier Restrisiken bei der Sicherheit, die ausgeräumt werden müssten (Gesundheitsprüfung, Zuverlässigkeit, Vorstrafen, Loyalität).

Outsourcing: Die Leistungen eines Lagezentrum sind zwar ureigenster Bestandteil der Veranstaltungsleitung, könnten aber grundsätzlich auch extern an eine Veranstaltungsagentur übertragen werden.

Zusammenfassung: Es gibt Ansätze zur Weiterentwicklung der Informationsbeschaffung und -verteilung in Abhängigkeit des technischen Fortschritts. Dadurch kann das Veranstaltungsgeschehen transparenter und sicherer gestaltet werden. Die Einbindung der Veranstaltungsgäste als Personalreserve ins Veranstaltungsgeschehen ist hingegen nur ein Gedankenkonzept ohne gesicherte Grundvorgaben. An den grundsätzlichen Aufgaben des Lagezentrums wird sich vorerst nichts ändern.

Schlusswort

Ihnen mag einiges im Buch vielleicht zu verallgemeinert, manches aber auch zu akribisch detailliert vorkommen. Der goldenen Mittelweg wurde von mir zwar eingeschlagen, ist aber sicherlich noch nicht perfektioniert. Immerhin ist es nach meinen Recherchen augenscheinlich das erste deutschsprachige Buch zum Thema. Das wird es nicht bleiben, es werden andere nach mir kommen, die es noch besser schreiben können. Aber ein erster Vorstoß zum Thema wurde gewagt.

Um juristische Bedenken auszuräumen, es ist Ihnen selbstverständlich gestattet, Auszüge aus diesem Buch dienstlich für Ihre Checklisten zu verwenden. Sinn und Zweck dieses Buches ist es ja auch, so eine Katastrophe wie die in Duisburg (Loveparade) künftig unbedingt zu vermeiden.

Diejenigen, die nicht bei Behörden arbeiten, aber aus Neugierde dieses doch etwas interne Buch nun gelesen haben, möchte ich bitten, Ihren Mitmenschen nur Positives über den Aufwand und die Schwierigkeiten bei kommunalen Veranstaltungen und Lagezentren weiter zu erzählen. Lassen Sie Ihre Mitmenschen nicht in dem Irrglauben, dass kommunale Veranstaltungen so locker und lässig von alleine vonstatten gehen, weil die Behörden dabei eigentlich so gut wie gar nicht mitwirken. Denn das 'Amt für böse Überraschungen' gibt es wirklich.

Dank an Kerstin Kellis
für die Anregung, dieses Buch zu schreiben

www.tredition.de

Über tredition

Der tredition Verlag wurde 2006 in Hamburg gegründet. Seitdem hat tredition Hunderte von Büchern veröffentlicht. Autoren können in wenigen leichten Schritten print-Books, e-Books und audio-Books publizieren. Der Verlag hat das Ziel, die beste und fairste Veröffentlichungsmöglichkeit für Autoren zu bieten.

tredition wurde mit der Erkenntnis gegründet, dass nur etwa jedes 200. bei Verlagen eingereichte Manuskript veröffentlicht wird. Dabei hat jedes Buch seinen Markt, also seine Leser. tredition sorgt dafür, dass für jedes Buch die Leserschaft auch erreicht wird.

Autoren können das einzigartige Literatur-Netzwerk von tredition nutzen. Hier bieten zahlreiche Literatur-Partner (das sind Lektoren, Übersetzer, Hörbuchsprecher und Illustratoren) ihre Dienstleistung an, um Manuskripte zu verbessern oder die Vielfalt zu erhöhen. Autoren vereinbaren unabhängig von tredition mit Literatur-Partnern die Konditionen ihrer Zusammenarbeit und können gemeinsam am Erfolg des Buches partizipieren.

Das gesamte Verlagsprogramm von tredition ist bei allen stationären Buchhandlungen und Online-Buchhändlern wie z. B. Amazon erhältlich. e-Books stehen

www.tredition.de

bei den führenden Online-Portalen (z. B. iBook-Store von Apple) zum Verkauf.

Seit 2009 bietet tredition sein Verlagskonzept auch als sogenanntes "White-Label" an. Das bedeutet, dass andere Personen oder Institutionen risikofrei und unkompliziert selbst zum Herausgeber von Büchern und Buchreihen unter eigener Marke werden können.

Mittlerweile zählen zahlreiche renommierte Unternehmen, Zeitschriften-, Zeitungs- und Buchverlage, Universitäten, Forschungseinrichtungen, Unternehmensberatungen zu den Kunden von tredition. Unter www. tredition-corporate.de bietet tredition vielfältige weitere Verlagsleistungen speziell für Geschäftskunden an.

tredition wurde mit mehreren Innovationspreisen ausgezeichnet, u. a. Webfuture Award und Innovationspreis der Buch-Digitale.

tredition ist Mitglied im Börsenverein des Deutschen Buchhandels.

Zeitfracht Medien GmbH
Ferdinand-Jühlke-Straße 7
99095 Erfurt, Deutschland
produktsicherheit@kolibri360.de